Wolfgang Schnepper

FC Schalke 04 - Der fast wundersame Klassenerhalt

Wolfgang Schnepper, Jahrgang 1964, Diplom-Sportlehrer
Ex-Bezirksligaspieler im Fußball,
1988-89 in der deutschen Triathlonspitze,
1990 Bayerischer Meister im Body-Building,
1998 / 99 Konditionstrainer im bezahlten Fußball,
2003 - 2006 Sportlehrer an einer Gesamtschule,
Autor mit fast 40 Büchern über Fußballtraining und viel mehr

Bibliografische Informationen der Deutschen
Nationalbibliothek: Die Deutsche Nationalbibliothek
verzeichnet diese Publikation in der Deutschen
Nationalbibliografie; detaillierte bibliografische Daten sind
im Internet über http://dnb.d-nb.de abrufbar.

©2023 Wolfgang Schnepper
Herstellung und Verlag: BoD – Books on Demand,
Norderstedt
Satz und Layout: Wolfgang Schnepper

ISBN 978-3-7448-2150-6

Literaturverzeichnis

 # Vorwort

Der FC Schalke 04 schaffte in der Saison 2022 / 23 fast den Klassenerhalt aus einer fast ausweglosen Situation. Am 17. Spieltag dieser Saison verlor der FC Schalke 04 6:1 gegen RB Leipzig und war mit nur 9 Punkten Tabellenletzter. Zum Relegationsplatz fehlten nun schon 7 Punkte gegenüber dem VFL Bochum. Alle hatten den Verein schon abgeschrieben, zumindest fast alle, da nahm das Wunder beinahe seinen Lauf, welches in diesem Buch genau beschrieben wird.

Zwischendurch gibt es auch immer wieder lustige Fußballwitze, damit die Spannung auch mit Humor und Abwechslung verbunden werden kann.

Der FC Schalke 04 wurde 1904 im Gelsenkirchener Stadtteil Schalke gegründet. Mit sieben deutschen Meisterschaften, fünf Erfolgen im DFB-Pokal sowie dem Sieg im UEFA-Pokal 1997 ist der FC Schalke 04 einer der erfolgreichsten Fußballvereine des Landes und belegt derzeit den siebten Platz der Ewigen Tabelle der Bundesliga. Im Jahr 1937 holte Schalke als erster deutschen Verein das Double aus Meisterschaft und Pokal.
Mit knapp 164.000 Mitgliedern ist der FC Schalke 04 nach Zahl der Mitglieder der fünftgrößte deutsche Sportverein und der sechstgrößte weltweit (Stand 2022). Seit August 2001 tragen die Schalker Fußballprofis, auch als Knappen oder Königsblauen bezeichnet, ihre Heimspiele in der Veltins-Arena aus.

Doch was geschah in der Saison 2022 / 23? Die Antwort darauf findet ihr hier in diesem Buch.

18. Spieltag

Am 18. Spieltag traf der FC Schalke 04 im Heimspiel auf den 1. FC Köln. Die Mannschaften traten mit folgender Erstaufstellung an:

FC Schalke 04

Trainer: Thomas Reis

1	Ralf Fährmann
18	Jere Uronen
27	Cedric Brunner
25	Moritz Jenz
4	Maya Yoshida
20	Tim Skarke
38	Soichiro Kozuki
11	Marius Bülter
6	Tom Krauß
8	Danny Latza
9	Simon Terodde

Ersatzbank
13	Alexander Schwolow
26	Michael Frey
37	Andreas Ivan
30	Alex Král
23	Mehmet Can Aydin
10	Rodrigo Zalazar
41	Henning Matriciani
35	Marcin Kaminski
24	Dominick Drexler

18. Spieltag

1. FC Köln

Trainer: Steffen Baumgart

20	Marvin Schwäbe
4	Timo Hübers
24	Julian Chabot
14	Jonas Hector
2	Benno Schmitz
28	Ellyes Skhiri
7	Dejan Ljubicic
11	Florian Kainz
47	Mathias Olesen
37	Linton Maina
27	Davie Selke

Ersatzbank

21	Steffen Tigges
17	Kingsley Schindler
25	Tim Lemperle
29	Jan Thielmann
6	Eric Martel
1	Timo Horn
5	Nikola Soldo
23	Sargis Adamyan
8	Denis Huseinbasic

18. Spieltag

Die Spieler des FC Schalke 04 geben in diesem Spiel alles. Die Mannschaft ist zu neuem Leben erwacht, sie wollen den Klassenerhalt. Der 1 FC Köln hält mit aller Kraft dagegen. Schalke ist leicht überlegen und hätte den Sieg verdient.

Es hatte auch wirklich nicht viel gefehlt, damit aus dem sehr guten Debüt von Moritz Jenz ein perfektes geworden wäre. Genau 111 Sekunden waren am Sonntag (29.1.) in der Bundesliga-Partie gegen den 1. FC Köln gespielt, als der 1,90 Meter große Innenverteidiger nach einer Flanke von Tim Skarke zum Kopfball kam und die Ball in Richtung gegnerisches Tor beförderte. Doch Kölns Keeper Marvin Schwäbe verhinderte den Premierentreffer des Schalker Winter-Zugangs, indem er die Kugel noch so gerade mit einer absoluten Glanztat von der Linie beförderte.

Das Spiel endete 0: 0 und trotz einer hervorragenden Leistung waren die Königsblauen etwas enttäuscht. Aber die Fans witterten Morgenluft. Der große Kampf gegn den Abstieg begann.

19. Spieltag

Am 19. Spieltag trifft der FC Schalke 04 im Auswärtsspielspiel auf Borussia Mönchengladbach. Die Mannschaften treten mit folgender Aufstellung an:

FC Schalke 04

Trainer: Thomas Reis

1	Ralf Fährmann
4	Maya Yoshida
18	Jere Uronen
27	Cedric Brunner
25	Moritz Jenz
38	Soichiro Kozuki
6	Tom Krauß
33	Éder Balanta
30	Alex Král
20	Tim Skarke
9	Simon Terodde

Ersatzbank

2	Thomas Ouwejan
11	Marius Bülter
23	Mehmet Can Aydin
10	Rodrigo Zalazar
41	Henning Matriciani
24	Dominick Drexler
13	Alexander Schwolow
26	Michael Frey
19	Kenan Karaman

19. Spieltag

Borussia Mönchengladbach

Trainer: Daniel Farke

1	Jonas Omlin
29	Joe Scally
30	Nico Elvedi
25	Ramy Bensebaïni
3	Ko Itakura
13	Lars Stindl
17	Manu Koné
6	Christoph Kramer
23	Jonas Hofmann
8	Julian Weigl
10	Marcus Thuram

Ersatzbank

11	Hannes Wolf
32	Florian Neuhaus
19	Nathan Ngoumou
24	Tony Jantschke
20	Luca Netz
41	Jan Olschowsky
14	Alassane Plea
18	Stefan Lainer
5	Marvin Friedrich

19. Spieltag

Zu Beginn des 19. Spieltages steht der FC Schalke 04 lediglich mit 10 Punkten da und belegt natürlich noch immer den letzten Platz. Zum Relegationsplatz fehlen zu diesem Zeitpunkt 6 Punkte auf den VFL Bochum (16. Platz) und den VFB Stuttgart (15. Platz).

In der ersten Halbzeit hatte Mönchengladbach etwas mehr vom Spiel. Nach der Pause drehten die Königsblauen dann auf. Sie spielten mutig und pressten aggressiv. Sie liefen und kämpften, was das Zeug hielt. Aufgrund der zweiten 45 Minuten wäre daher sicherlich auch mehr als nur ein Punkt möglich gewesen, aber die Torchancen müssen einfach genutzt werden. Die Defensive der Knappen arbeitete an diesem Tag allerdings perfekt.

Simon Terodde zum Spiel:

Wir standen wie schon gegen Köln defensiv stabil. Aber vorne hat immer wieder etwas gefehlt, um einen Treffer zu erzielen. Gerade in der zweiten Halbzeit haben wir sehr viel auf das Tor der Borussia gespielt , uns aber leider nicht belohnt. Wir müssen dranbleiben, weiterhin hart trainieren. Den einen Punkt nehmen wir mit, ebenso die erneut grandiose Unterstützung der Fans. Das war wieder einmal großartig.

Die Fans: Unsere Hoffnung steigt, dass wir den Klassenerhalt schaffen. Die Mannschaft kämpft und wir sind stolz auf sie, die Hoffnung stirbt zuletzt. Terodde wird bestimmt bald wieder viele Tore schießen.

 # 20. Spieltag

Zum Auftakt des 20. Spieltags trifft der FC Schalke 04 am Freitag (10.2.) um 20.30 Uhr auf den VfL Wolfsburg in der Veltins-Arena.
Die Mannschaften treten mit folgender Aufstellung an:

FC Schalke 04

Trainer: Thomas Reis

1	Ralf Fährmann
25	Moritz Jenz
4	Maya Yoshida
18	Jere Uronen
27	Cedric Brunner
38	Soichiro Kozuki
6	Tom Krauß
10	Rodrigo Zalazar
30	Alex Král
20	Tim Skarke
26	Michael Frey

Ersatzbank

2	Thomas Ouwejan
11	Marius Bülter
9	Simon Terodde
23	Mehmet Can Aydin
24	Dominick Drexler
41	Henning Matriciani
13	Alexander Schwolow
33	Éder Balanta
19	Kenan Karaman

20. Spieltag

VfL Wolfsburg

Trainer: Niko Kovac

1	Koen Casteels
3	Sebastiaan Bornauw
5	Micky van de Ven
6	Paulo Otávio Rosa da Silva
20	Ridle Baku
16	Jakub Kaminski
39	Patrick Wimmer
27	Maximilian Arnold
31	Yannick Gerhardt
32	Mattias Svanberg
23	Jonas Wind

Ersatzbank

4	Maxence Lacroix
33	Omar Khaled Mohamed Marmoush
40	Kevin Paredes
29	Josuha Guilavogui
12	Pavao Pervan
7	Luca Waldschmidt
10	Lukas Nmecha
22	Felix Nmecha
8	Nicolas Cozza

20. Spieltag

Zu Beginn des 20. Spieltages steht der FC Schalke 04 lediglich mit 11 Punkten da und belegt natürlich noch immer den letzten Platz. Bis zum Relegationsplatz fehlen immer noch 5 Punkte, die Knappen brauchen endlich einen Sieg. An diesem 20. Spieltag gegen den VFL Wolfsburg geben die Spieler wieder alles. Zum dritten Mal steht hinten die Null , aber vorne leider auch. Zweimal landete der Ball zwar im Wolfsburger Netz. Aber wegen Abseitspositionen wurden die Treffer von Král und Frey nicht anerkannt.

Was für ein Pech für die Königsblauen, die 20-mal auf das Wolfsburger Tor schossen, aber keinen regulären Treffer erzielten. Die Wolfsburger schossen lediglich 8-mal auf das Schalker Tor.

Mit einer starken Zweikampfquote hatte Maya Yoshida am Freitag (10.2.) einen großen Anteil daran, dass der FC Schalke 04 gegen den VfL Wolfsburg im dritten Spiel in Serie ebenfalls kein Tor erzielte. Der Japaner war sowohl in der Luft als auch am Boden kaum zu besiegen, sodass eine der torgefährlichsten Angriffsreihen der Bundesliga (die Wölfe hatten in den ersten vier Partien des Kalenderjahres 14 Treffer erzielt) in der VELTINS-Arena leer ausging. Der Japaner war der beste Mann auf dem Platz.

Die Schalker Fans glauben dennoch immer mehr an den Klassenerhalt. Schauen wir doch auf den 21. Spieltag.

Witzecke

"Haben Sie vielleicht eine Minute Zeit?" fragt ein Zuschauer den Schiri nach Spielabpfiff.
Dieser nickt zustimmend.
"Dann erzählen sie mir mal alles was Sie über Fußball und seine Regeln kennen!"

Was ist der mit Abstand brutalste Sport der Welt?
Fußball. Da wird umgesäbelt, geköpft und geschossen!

Wie hoch ist der Marktwert der holländischen Fußballnationalmannschaft?
Genau 88 Cent, nämlich 11mal Flaschenpfand.

Der Sportarzt zum Thema Doping im Fußball: "Doping im Fußball ergibt überhaupt keinen Sinn. Das Mittel muss in die Spieler injiziert werden.

Eine Fußballmannschaft fliegt nach Australien. Den Spielern wird langweilig, und sie spielen schließlich Fußball im Flugzeug . Der Pilot kann die Maschine kaum noch halten und schickt den Co-Piloten zu den Fluggästen nach hinten. Nach nur einer Minute ist Ruhe.
"Wie hast Du denn angestellt?", fragt der Pilot.
"Nun ja", meint der Co-Pilot "Ich habe gesagt: Männer, es ist schönes Wetter draußen, spielt doch vor der Tür!"

21. Spieltag

Am 21. Spieltag traf der FC Schalke 04 im Auswärtsspielspiel auf den 1. FC Union Berlin. Die Mannschaften traten mit folgender Aufstellung an:

FC Schalke 04

Trainer: Thomas Reis

1	Ralf Fährmann
27	Cedric Brunner
25	Moritz Jenz
4	Maya Yoshida
18	Jere Uronen
30	Alex Král
11	Marius Bülter
6	Tom Krauß
10	Rodrigo Zalazar
24	Dominick Drexler
26	Michael Frey

Ersatzbank

19	Kenan Karaman
2	Thomas Ouwejan
23	Mehmet Can Aydin
3	Leo Greiml
9	Simon Terodde
41	Henning Matriciani
13	Alexander Schwolow
33	Éder Balanta

21. Spieltag

FC Union Berlin

Trainer: Urs Fischer

1	Frederik Rønnow
25	Timo Baumgartl
5	Danilho Doekhi
31	Robin Knoche
8	Rani Khedira
28	Christopher Trimmel
19	Janik Haberer
23	Niko Gießelmann
20	Aïssa Laïdouni
17	Kevin Behrens
11	Sven Michel

Ersatzbank

14	Paul Seguin
3	Paul Jaeckel
37	Lennart Grill
40	Jamie Leweling
26	Jérôme Roussillon
45	Jordan Siebatcheu
18	Josip Juranovic
27	Sheraldo Becker
2	Morten Thorsby

21. Spieltag

Viertes Pflichtspiel in der Rückrunde, zum vierten Mal hintereinander kein Gegentor bekommen. Die Schalker kämpfen jedes Spiel bis zum Umfallen. Die Fans honorieren den Einsatz und stehen voll hinter ihrer Mannschaft. Immer mehr Fans glauben nach diesem Spiel an den Klassenerhalt, auch wenn das Spiel wieder 0:0 ausgeht. Ralf Fährmann, der seit dem 18. Spieltag zwischen den königsblauen Pfosten steht, ist seit mittlerweile 360 Minuten im Tor unbesiegt. Beim Gastspiel am Sonntag (19.2.) in Berlin war der 34-Jährige nur selten gefordert. Aber wenn Union zum Abschluss kam, war er bereit. So wie in der 23. Minute, als der Torhüter einen Abschluss von Danilho Doekhi mit einer starken Parade noch über die Latte gelenkt bekam.

Die Königsblauen stellen auch noch einen neuen Bundesligarekord an der Alten Försterei in Berlin auf auf. Vier torlose Punkteteilungen in Folge hatte es zuvor noch nie gegeben in der 1. Bundesliga.

# 22. Spieltag

Am 22. Spieltag den 25.2.2023 traf der FC Schalke 04 auf der Veltins-Arena im Heimspiel auf den VFB Stuttgart.
Die Startaufstellungen beider Mannschaften lauteten:

FC Schalke 04

Trainer: Thomas Reis

1	Ralf Fährmann
25	Moritz Jenz
23	Mehmet Can Aydin
41	Henning Matriciani
4	Maya Yoshida
30	Alex Král
11	Marius Bülter
6	Tom Krauß
10	Rodrigo Zalazar
24	Dominick Drexler
26	Michael Frey

Ersatzbank

33	Éder Balanta
19	Kenan Karaman
29	Tobias Mohr
3	Leo Greiml
9	Simon Terodde
8	Danny Latza
35	Marcin Kaminski
13	Alexander Schwolow

22. Spieltag

VfB Stuttgart

Trainer: Bruno Labbadia

33	Fabian Bredlow
5	Konstantinos Mavropanos
21	Hiroki Ito
2	Waldemar Anton
24	Borna Sosa
16	Atakan Karazor
17	Genki Haraguchi
3	Wataru Endo
22	Chris Führich
14	Silas Mvumpa
31	Gil Bastião Dias

Ersatzbank

28	Nikolas Nartey
4	Josha Vagnoman
20	Luca Pfeiffer
10	Tiago Barreiros de Melo Tomás
11	Juan Perea
7	Tanguy Coulibaly
39	Thomas Kastanaras
1	Florian Müller
23	Dan-Axel Zagadou

22. Spieltag

Was für ein Spiel, was für ein Zittern für die Knappen. Der SC Schalke 04 bringt den Sieg über die Zeit, kämpft und wehrt sich mit letzter Kraft und gewinnt mit 2:1. Stuttgart hat in der zweiten Halbzeit extrem viel Druck entfaltet, doch mehr als Sosas Treffer sollte nicht mehr fallen. Die Stuttgarter hätten insgesamt sogar einen Sieg verdient gehabt. Doch nun endlich einmal ist das Glück auf Seiten der Königsblauen. Der Griff nach dem Klassenerhalt rückt etws näher. Die Schalker Fans feiern diesen Sieg wie einen Gewinn der Fußballweltmeisterschaft.

Lange musste die Fans der Knappen allerdings auf das erste Tor warten (370 Minuten), umso größer haben sie ihre Freude herausgeschrien, als Dominick Drexler gegen den VfB Stuttgart in der 10. Minute nach vier torlosen Unentschieden in Folge zum 1:0 traf. Damit brachte er die Schalker auf der VELTINS-Arena zum Beben.

In der 40. Minute erhöhte Marius Bülter schließlich sogar auf das 2:0.

Mit dem Endresultat von 2:1 war Schalke zum Schluss allerdings sehr glücklich, wie oben schon erläutert.

Witzeecke

"Mein Hausarzt hat mir geraten mit dem Fußballspielen aufzuhören."
"Oh wie schade, hast du dich untersuchen lassen, und was hat er festgestellt?"
"Nein, er hat mich spielen sehen!"

Lukas Podolski und Sebastian Schweinsteiger haben den Schlüssel im Auto liegen gelassen. Sebastian versucht das Auto mit einem Draht zu öffnen. Plötzlich ruft Lukas:"Beeil dich besser, es fängt an zu regnen und das Verdeck ist noch offen!"

"Meinen Sie denn meine Kurzsichtigkeit könnte meiner Fußball-Karriere schaden?" fragt der Fußballspieler.
"Ach was", antwortet der Augenarzt, "Sie können doch immer noch Schiedsrichter werden."

"Du kommst diese Woche schon zum fünften Mal zu spät zum Training! Weißt du eigentlich, was das bedeutet?" mahnt der Trainer.
"Ja", antwortet der Spieler, "heute muss Freitag sein!"

23. Spieltag

Nun am Samstag, den 4.3.2023, tritt der FC Schalke 04 beim Reviernachbarn VFL Bochum an. Dieses Derby im Vonovia-Ruhrstadion ist das wichtigste Spiel der Saison. Es folgen die Startaufstellungen:

FC Schalke 04

Trainer: Thomas Reis

1	Ralf Fährmann
41	Henning Matriciani
4	Maya Yoshida
27	Cedric Brunner
25	Moritz Jenz
33	Éder Balanta
30	Alex Král
6	Tom Krauß
26	Michael Frey
11	Marius Bülter
10	Rodrigo Zalazar

Ersatzbank

9	Simon Terodde
35	Marcin Kaminski
13	Alexander Schwolow
19	Kenan Karaman
29	Tobias Mohr
23	Mehmet Can Aydin
3	Leo Greiml

 # 23. Spieltag

VfL Bochum 1848

Trainer: Thomas Letsch

1	Manuel Riemann
31	Keven Schlotterbeck
3	Danilo Teodoro Soares
23	Saidy Janko
4	Erhan Masovic
6	Patrick Osterhage
7	Kevin Stöger
10	Philipp Förster
33	Philipp Hofmann
11	Takuma Asano
22	Christopher Antwi-Adjei

Ersatzbank

24	Vasilios Lampropoulos
21	Michael Esser
29	Moritz Broschinski
16	Konstantinos Stafylidis
20	Ivan Ordets
30	Dominique Heintz
28	Pierre Kunde
35	Silvère Ganvoula
18	Jordi Osei-Tutu

Dieses Spiel gegen den VFL Bochum müssen die Königsblauen gewinnen, wenn sie den Klassenerhalt schaffen wollen. Denn nur eine Woche später treten sie gegen Borussia Dortmund an, und dieses Spiel wird nur sehr schwer zu gewinnen sein. Ein Torschütze aus der Vorwoche steht heute den Knappen nicht zur Verfügung. Dominick Drexler hat sich eine Muskelverletzung im Oberschenkel zugezogen, die ihn zu einer Pause nötigt und für den Mittelfeldmann rückt Éder Balanta in die Startelf.

Allerdings Im Hinspiel feierte der FC Schalke 04 einen 3:1-Heimsieg.

Die Königsblauen sind neben dem BVB als einziges Team in der Rückrunde noch unbesiegt. Zudem kassierte Ralf Fährmann in den bislang fünf Partien des zweiten Saisonteils erst ein Gegentorr. Das ist der Bestwert der laufenden Saison.

Der Reviernachbar Bochum kassierte in der Saison bislang schon 54 Gegentore und damit bereits zwei mehr als im gesamten Vorjahr.

Eigentlich sieht das im Vorfeld für Schalke schon mal gut aus. Doch es fängt für die Knappen erst einmal sehr schlecht an. Die Bochumer haben wesentlich mehr Ballbesitz.

Doch in der 45. Minute begeht Manuel Riemann ein sehr unglückliches Eigentor. Die Königsblauen stellen den Spielverlauf auf den Kopf.

Aus einer Terodde-Aktion entsteht in der 79. Minute ein Eckball. Diesen spielt Zalazar flach in den Strafraum. Bülter kommt vom zweiten Pfosten angelaufen und trifft aus 13 Metern flach durch mehrere Abwehrbeine hindurch.

Die Fußballwelt steht Kopf, Schalke im Glück und gewinnt

dieses Spiel schließlich mit 2:0.

Viel Applaus der mitgereisten Fans gab es für Rodrigo Zalazar, als er eine Minute vor dem Ende der regulären Spielzeit ausgetauscht wurde. Der Mittelfeldmann war beim 2:0-Sieg im Nachbarschaftsduell an beiden Treffern beteiligt und der Held des Tages. Bei dem 1:0, dem Eigentor von Manuel Riemann, hatte der Uruguayer die Flanke reingebracht und das 2:0 von Marius Bülter legte er mittels Eckballs direkt vor.

Ebenfalls setzte die Mannschaft von Chef-Trainer Thomas Reis ihren aktuelle Serie fort. Die Knappen sind nun seit sechs Partien ungeschlagen, sie bekamen in fünf dieser Begegnungen kein Gegentor.

Der Schalker Traum geht weiter. Doch was wird den nächsten Spieltag gegen Borussia Dortmund passieren?

 # 24. Spieltag

Am Samstag, den 11.3.2023, tritt der FC Schalke 04 gegen den Reviernachbarn Borussia Dortmund an. Dieses Derby auf der Veltins-Arena ist nun von hoher Bedeutung, da der VFL Bochum mit 2: 0 gegen den 1. FC Köln vorgelegt hat. Die Königsblauen sind gegen den Tabellenzweiten klarer Außenseiter. Es folgen die Startaufstellungen:

FC Schalke 04
Trainer: Thomas Reis

1	Ralf Fährmann
4	Maya Yoshida
41	Henning Matriciani
27	Cedric Brunner
25	Moritz Jenz
6	Tom Krauß
23	Mehmet Can Aydin
30	Alex Král
11	Marius Bülter
10	Rodrigo Zalazar
26	Michael Frey

Ersatzbank

29	Tobias Mohr
3	Leo Greiml
9	Simon Terodde
21	Niklas Tauer
35	Marcin Kaminski
13	Alexander Schwolow
33	Éder Balanta
19	Kenan Karaman

24. Spieltag

Borussia Dortmund

Trainer: Edin Terzic

33	Alexander Meyer
26	Julian Ryerson
15	Mats Hummels
4	Nico Schlotterbeck
17	Marius Wolf
22	Jude Bellingham
23	Emre Can
13	Raphaël Adelino José Guerreiro
21	Donyell Malen
43	Jamie Bynoe-Gittens
9	Sébastien Haller

Ersatzbank

6	Salih Özcan
7	Giovanni Reyna
20	Anthony Modeste
24	Thomas Meunier
35	Marcel Lotka
49	Justin Njinmah
25	Niklas Süle
8	Mahmoud Dahoud
30	Felix Passlack

Beginnen wir doch die Analyse des Spiels mit einigen Statistiken. Die Dortmunder gaben 20 Schüsse auf das Schalker Tor ab, die Schalker nur 10 auf das Dortmunder Tor.

Die Schalker gewannen 47 Zweikämpfe, die Dortmunder allerdings 75. Die Dortmunder hatten zu 65 Prozent Ballbesitz und mit sechs Ecken doppelt so viel wie die Königsblauen. Hiermit deutet alles auf einen klaren Sieg für die Dortmunder hin.

Aber wie endete das Spiel?

Spielerisch waren die Knappen deutlich unterlegen. Sie kämpften allerdings und gaben auch nach zwei Rückständen nie auf, und so nahm das kleine Wunder seinen Lauf.

Der FC Schalke 04 und Borussia Dortmund haben sich im 100. Bundesliga-Revierderby 2:2-Unentschieden getrennt. Marius Bülter und Kenan Karaman erzielten jeweils den Ausgleich für die Königsblauen, nachdem Borussia Dortmund zunächst durch Nico Schlotterbeck und dann durch Raphael Guerreiro in Führung gegangen war.

Ein wichtiger Punkt für den Klassenerhalt wurde eingefahren, den Dortmundern zwei wichtige Punkte für die Meisterschaft genommen. Die Schalker Fans hatten ausreichend Grund zu feiern. Der Traum vom Klassenerhalt geht weiter.

Doch was wird nächste Woche gegen den FC Augsburg passieren? Eigentlich müssen drei Punkte her, denn die Spiele gegen Leverkusen, Bayern und Leipzig stehen auch noch aus.

 # Witzeecke

Ein Lehrer, der auf Schalke unterrichtet, und selbst ein großer Schalke-Fan ist , hat die Angewohnheit seine neuen Schüler nach ihrer Lieblingsmannschaft im Fußball zu fragen. Er fragt seine Klasse also: "Wer von euch ist denn Schalke-Fan?"

26 Schüler heben den Arm und bejahen laut, dass ihr Herz für den Verein FC Schalke 04 schlägt.

Nur ein Mädchen zeigt nicht auf.

Lehrer: "Was bist du denn für ein Fan?"

Mädchen: "FC Bayern München".

Lehrer: "Ja, und Warum?"

Mädchen: " Mein Vater ist in München als Rechtsanwalt tätig, meine Mutter war dort fünf Jahre lang engagierte Ärztin und ich bin in München zur Welt gekommen. Und habe dort die ersten fünf Jahre meines Lebens verbracht."

Lehrer: "Und das reicht aus, um Bayern-Fan zu werden? Was wäre denn, wenn deine Mutter in einem Nachtclub arbeiten würde, und dein Vater ein schlimmer Alkoholiker wäre."

Mädchen: "Ja, dann wäre ich mit Sicherheit auch Schalke-Fan geworden."

25. Spieltag

Am 18. 3.2023 tritt FC Schalke 04 um 15.30 Uhr auf der WWK Arena gegen den FC Augsburg an. Die Königsblauen haben bereits 20 Punkte auf dem Konto und befinden sich vor der TSG Hoffenheim auf dem 17. Platz. Auf dem Relegationsplatz ist der VFB Stuttgart ebenfalls mit 20 Punkten.
Die Spannung steigt und steigt in der unteren Tabelle der 1. Bundesliga.
Hier die Startaufstellungen zum aktuellen Spiel:
FC Schalke 04
Trainer: Thomas Reis

1	Ralf Fährmann
41	Henning Matriciani
4	Maya Yoshida
27	Cedric Brunner
25	Moritz Jenz
33	Éder Balanta
30	Alex Král
6	Tom Krauß
26	Michael Frey
19	Kenan Karaman
11	Marius Bülter

Ersatzbank

21	Niklas Tauer
9	Simon Terodde
44	Sidi Sané
13	Alexander Schwolow
29	Tobias Mohr
23	Mehmet Can Aydin
3	Leo Greiml
10	Rodrigo Zalazar

25. Spieltag

FC Augsburg

Trainer: Enrico Maaßen

1	Rafal Gikiewicz
22	Iago Amaral Borduchi
6	Jeffrey Gouweleeuw
2	Robert Gumny
23	Maximilian Bauer
13	Elvis Rexhbecaj
16	Rubén Vargas
10	Arne Maier
27	Arne Engels
9	Ermedin Demirovic
11	Mërgim Berisha

Ersatzbank

40	Tomás Koubek
24	Fredrik Jensen
7	Dion Beljo
14	Julian Baumgartlinger
3	Mads Pedersen
8	Renato De Palma Veiga
45	Kelvin Yeboah
48	Irvin Cardona
20	Daniel Caligiuri

Auch im achten Spiel der Rückrunde bleiben die Königsblauen ungeschlagen. Aber nach dem 1:1-Unentschieden beim FC Augsburg war darüber im Schalker Lager keine allzu große Freude. Zwar hatte Marius Bülter in der Nachspielzeit vom Elfmeterpunkt einen wichtigen Zähler für die Knappen gesichert, doch mit der Gesamtleistung, insbesondere mit einem Spieler mehr auf dem Platz, waren die Königsblauen selbst nicht zufrieden.

Aber sie haben gekämpft und wir Fans freuen uns doch noch über diesen Punkt in den letzten Minuten des Spiels.

Der FC Schalke 04 ist seit acht Spielen ungeschlagen. Der Traum vom Klassenerhalt geht weiter.

Mich besonders freute die Einwechslung von Simon Terodde in der 68. Minute. Er machte auch einen relativ guten Eindruck. Vielleicht kommt Simon Terodde gegen Ende der Saison noch einmal in eine große Form.

Am 1. 4.2023 um 15.30 Uhr geht es weiter gegen Bayer 04 Leverkusen.

26. Spieltag

Am 1.4.2023 trifft der FC Schalke 04 um 15.30 Uhr auf Bayer 04 Leverkusen. Das Spiel findet auf der Veltins-Arena statt. Die Königsblauen befinden sich mit 21 Punkten auf dem vorletzten Platz. Letzter ist der VFB Stuttgard mit 20 Punkten. Vor den Knappen liegen Hertha BSC und die TSG Hoffenheim mit jeweils 22 Punkten.

Hier die Startaufstellungen:
FC Schalke 04
Trainer: Thomas Reis

1	Ralf Fährmann
27	Cedric Brunner
3	Leo Greiml
41	Henning Matriciani
4	Maya Yoshida
30	Alex Král
11	Marius Bülter
6	Tom Krauß
10	Rodrigo Zalazar
24	Dominick Drexler
26	Michael Frey

Ersatzbank

20	Tim Skarke
29	Tobias Mohr
23	Mehmet Can Aydin
21	Niklas Tauer
9	Simon Terodde
35	Marcin Kaminski
13	Alexander Schwolow
33	Éder Balanta

 # 26. Spieltag

Bayer 04 Leverkusen

Trainer: Xabi Alonso

1	Lukás Hrádecky
6	Odilon Kossounou
12	Edmond Tapsoba
4	Jonathan Tah
30	Jeremie Frimpong
25	Exequiel Palacios
3	Piero Hincapié
8	Robert Andrich
19	Moussa Diaby
21	Amine Adli
27	Florian Wirtz

Ersatzbank

9	Sardar Azmoun
22	Daley Sinkgraven
24	Timothy Fosu-Mensah
28	Patrick Pentz
17	Callum Hudson-Odoi
5	Mitchel Bakker
38	Karim Bellarabi
10	Kerem Demirbay
18	Noah Mbamba-Muanda

26. Spieltag

Nach zuletzt acht Partien hintereinander ohne Niederlage hat der FC Schalke 04 nun doch verloren. Im Heimspiel gegen Bayer Leverkusen hatte die Mannschaft von Chef-Trainer Thomas Reis keine Chance. Beim Schlusspfiff in der VELTINS-Arena stand ein 3:0 für die Werkself. Die Treffer der Gäste erzielten Jeremie Frimpong (50.), Florian Wirtz (61.) und Sardar Azmoun (90.+1).

Doch etwas sehr Menschliches und Bewegendes ereignete sich in der Veltins-Arena.

In der Südkurve kam es zu einem medizinischen Notfall. Während ein Zuschauer von herbeigeeilten Rettungskräften behandelt wurde, bewiesen beide Fanlager Fingerspitzenge-fühl, Empathie und volle Menschlichkeit und stellten den zuvor lautstarken Support ein.

Und noch etwas war sehr bemerkenswert. Diese Niederlage wurde sehr sportlich von fast allen Fans genommen und der Traum vom Klassenerhalt bleibt dennoch bestehen.
Denn der VFB Stuttgart verlor ebenfalls mit 3:0 und Hertha BSC Berlin kam nur zu einem Punkt.

Doch der nächste Spieltag gegen die TSG Hoffenheim sollte von den Knappen erfolgreicher abgeschlossen werden.

 # Witzeecke

---

Der Sohn eines Fußballers bringt stolz sein Zeugnis nach Hause: "Papa, mein Vertrag mit der vierten Klasse wurde erfolgreich verlängert!"

Franz hat sich beim Fußball spielen das Bein gebrochen. Nach ca. 4 Wochen meldet er sich beim Chef wieder zurück.

"Ja, wie geht's denn, Franz, ist das Bein wieder in Ordnung?"

"Alles in bester Ordnung, Chef!" freut sich Franz, "Ich kann jetzt besser gehen als zuvor!"

"Das freut mich. Was dir jetzt noch fehlt, ist eine ordentliche Gehirnerschütterung!"

Herr Müller war in Brasilien in Urlaub. Nach seiner Rückkehr fragt ihn der Chef: "Und Herr Müller, wie war's denn in Rio?"

"Ach wissen Sie, eigentlich leben in Brasilien nur Prostituierte und Fußballspieler!"

Chef: "Habe ich Ihnen überhaupt schon erzählt, dass meine Frau Brasilianerin ist?"

"Oh, bei welchem Verein spielt sie denn?"

# 27. Spieltag

Am Sonntag den 9.4.2023 trifft der FC Schalke 04 in Sinsheim auf der PreZero Arena auf die TSG 1899 Hoffenheim.
Die Mannschaften starten mit folgenden Aufstellungen:

FC Schalke 04

Trainer: Thomas Reis

1	Ralf Fährmann
41	Henning Matriciani
4	Maya Yoshida
27	Cedric Brunner
2	Thomas Ouwejan
30	Alex Král
20	Tim Skarke
11	Marius Bülter
6	Tom Krauß
10	Rodrigo Zalazar
26	Michael Frey

Ersatzbank

8	Danny Latza
42	Keke Maximilian Topp
35	Marcin Kaminski
24	Dominick Drexler
13	Alexander Schwolow
33	Éder Balanta
29	Tobias Mohr
23	Mehmet Can Aydin
9	Simon Terodde

27. Spieltag

TSG 1899 Hoffenheim

Trainer: Pellegrino Matarazzo

1	Oliver Baumann
23	John Brooks
22	Kevin Vogt
25	Kevin Akpoguma
3	Pavel Kaderábek
11	José Ángel Esmoris Tasende
20	Finn Becker
27	Andrej Kramaric
8	Dennis Geiger
14	Christoph Baumgartner
9	Ihlas Bebou

Ersatzbank

5	Ozan Kabak
19	Kasper Dolberg
37	Luca Philipp
34	Stanley Nsoki
4	Ermin Bicakcic
13	Angelo Stiller
16	Sebastian Rudy
39	Tom Bischof
40	Umut Tohumcu

 # 27. Spieltag

Dieses Spiel ging wiederum verloren. Chef-Trainer Thomas Reis und die Spieler selbst sparten nach der verdienten 0:2-Niederlage bei der TSG 1899 Hoffenheim nicht mit Kritik an der Leistung ihrer Mannschaft. Vor allem der Auftritt in den ersten 45 Minuten war zu erschreckend, um in der Bundesliga bestehen zu können.
Bei vielen Fans schwindet wieder die Hoffnung auf den Klassenerhalt. Nächste Woche muss das Spiel gegen Hertha BSC Berlin gewonnen werden.

Hier der aktuelle Tabellenstand:

VfL Bochum 1848 mit 26 Punkten auf dem 15. Platz

VfB Stuttgart mit 23 Punkten auf dem 16. Platz

Hertha BSC mit 22 Punkten auf dem 17. Platz

FC Schalke 04 mit 21 Punkten auf dem 18. Platz

28. Spieltag

Am Freitag den 14.4.2023 trifft der FC Schalke 04 im Heimspiel auf Hertha BSC Berlin.
Die Mannschaften starten mit folgenden Aufstellungen:

FC Schalke 04

Trainer: Thomas Reis

1	Ralf Fährmann
25	Moritz Jenz
35	Marcin Kaminski
41	Henning Matriciani
27	Cedric Brunner
30	Alex Král
20	Tim Skarke
11	Marius Bülter
8	Danny Latza
24	Dominick Drexler
9	Simon Terodde

Ersatzbank

2	Thomas Ouwejan
6	Tom Krauß
3	Leo Greiml
10	Rodrigo Zalazar
21	Niklas Tauer
13	Alexander Schwolow
18	Jere Uronen
26	Michael Frey
19	Kenan Karaman

# 28. Spieltag

Hertha BSC

Trainer: Sandro Schwarz

1	Oliver Christensen
5	Filip Uremovic
31	Márton Dárdai
20	Marc Oliver Kempf
27	Kevin-Prince Boateng
23	Marco Richter
6	Tolga Cigerci
21	Marvin Plattenhardt
29	Lucas Tousart
19	Stevan Jovetic
14	Dodi Lukébakio

Ersatzbank

3	Agustín Rogel
24	Jessic Ngankam
12	Tjark Ernst
7	Florian Niederlechner
16	Jonjoe Kenny
34	Ivan Sunjic
17	Maximilian Mittelstädt
8	Suat Serdar
18	Wilfried Kanga

28. Spieltag

Bevor wir über dieses Spiel berichten, schauen wir uns den aktuellen Tabellenstand im "Tabellenkeller" genau an:

13	Augsburg	27	35:50	29
14	Hoffenheim	27	37:46	28
15	VfL Bochum	27	30:60	26
16	Stuttgart	27	32:47	23
17	Hertha BSC	27	31:50	22
18	Schalke	27	21:50	21

Die Königsblauen liegen wiederum auf dem letzten Platz mit 21 Punkten. Das Spiel gegen die Hertha muss also gewonnen werden, wollen sie nicht absteigen. Denn im Restprogramm müssen sie auch u. a. nöch gegen Bayern, Freiburg, Frankfurt und Leipzig antreten.

Wie wird sich der FC Schalke 04 in dieser letzten Chance auf die Hoffnung zum Klassenerhalt bewähren? Werden die Nerven diesem riesigen Druck standhalten?

28. Spieltag

Die Knappen behalten die Nerven in diesem Spiel gegen Hertha und gewinnen schließlich 5:2. Sie kämpfen um jeden Ball und lassen der alten "Dame" keine Chance. Endlich ist auch wieder einmal Simon Terodde von Anfang an dabei. Er überzeugt und schießt auch in der 48. Minute ein Tor.
Die Fans sind begeistert, der Jubel scheint in der Veltins-Arena nicht aufzuhören. Jetzt glaubt jeder Fan wieder an den Klassenerhalt.

Hier die Torschützen für FC Schalke 04:

3.' Tim Skarke

13.' Marius Bülter

48.' Simon Terodde

78.' Marius Bülter

92.' Marcin Kaminski

Am nächsten Wochenende treten die Königsblauen beim SC Freiburg an. Bei dieser schwierigen Aufgabe wäre der Verein schon mit einem Punkt zufrieden, Die Spannung steigt ins Unermessliche!

Witzeecke

Der Platzordner beobachtet nach Ende des Fußballspiels einen Jungen über den Zaun klettern und ruft: "Kannst du nicht da rausgehen, wo du reingekommen bist?"

Der Junge: "Das mache ich doch gerade"

Ein Wahnsinniger hockt vor der Waschmaschine und starrt ins Glas.

Ein zweiter Irrer kommt vorbei und fragt: "Und, zeigen Sie schon das Fußballspiel?"

"Nein, das dauert noch. Im Augenblick wird noch gezeigt, wie die Trikots der Spieler gewaschen werden."

Trainer zum Stürmer: "Du spielst heute gegen Karl Totengräber."

"Das ist ja unmenschlich. Der tritt gegen alles, was sich bewegt!"

Trainer: "Dann besteht für dich ja überhaupt kein Risiko!"

29. Spieltag

Heute am Sonntag den 23.4.2023 um 15.30 Uhr trifft der FC Schalke 04 im Auswärtsspiel auf den SC Freiburg. Gespielt wird im Europa-Park Stadion.
Die Mannschaften starten mit folgenden Aufstellungen:

FC Schalke 04

Trainer: Thomas Reis
13   Alexander Schwolow
18   Jere Uronen
25   Moritz Jenz
35   Marcin Kaminski
41   Henning Matriciani
19   Kenan Karaman
30   Alex Král
11   Marius Bülter
8   Danny Latza
24   Dominick Drexler
9   Simon Terodde
Ersatzbank
26   Michael Frey
2   Thomas Ouwejan
5   Sepp van den Berg
29   Tobias Mohr
23   Mehmet Can Aydin
34   Michael Langer
3   Leo Greiml
10   Rodrigo Zalazar
21   Niklas Tauer

29. Spieltag

Sport-Club Freiburg

Trainer: Christian Streich

26	Mark Flekken
28	Matthias Ginter
17	Lukas Kübler
30	Christian Günter
3	Philipp Lienhart
27	Nicolas Höfler
32	Vincenzo Grifo
42	Ritsu Doan
14	Yannik Keitel
9	Lucas Höler
38	Michael Gregoritsch

Ersatzbank

34	Merlin Röhl
7	Jonathan Schmid
23	Robert Wagner
29	Woo-Yeong Jeong
21	Noah Atubolu
25	Kiliann Sildillia
18	Nils Petersen
33	Noah Weißhaupt
35	Kenneth Schmidt

29. Spieltag

Zu Beginn des 29. Spieltages sieht der Tabellenstand folgendermaßen aus:

13. Platz TSG 1899 Hoffenheim mit 29 Punkten

14. Platz FC Augaburg mit ebenfalls 29 Punkten

15. Platz VFL Bochum mit 27 Punkten

16. Platz VFB Stuttgart mit 24 Punkten

17. Platz FC Schalke 04 auch mit 24 Punkten

18. Platz Hertha BSC Berlin mit 22 Punkten

D.h. mit anderen Worten: Die Königsblauen brauchen einen Sieg gegen den SC Freiburg.
Doch es sollte anders kommen. Es war kein erfolgreicher Nachmittag für Königsblau im Breisgau: Beim SC Freiburg verliert der FC Schalke 04 deutlich und verdient mit 0:4. Die ersten beiden Treffer im Europa-Park Stadion gelangen dem ehemaligen Knappen Michael Gregoritsch (7., 35.). Danach waren Lucas Höler (52.) und Matthias Ginter (82.) jeweils einmal erfolgreich.
Doch wenigstens haben die Schalker noch Glück im Unglück und dürfen weiter hoffen, denn Hoffenheim, Hertha und Bochum verloren ebenfalls. Das Spiel FC Augsburg und VFB Stuttgart endete zum Glück auch nur 1:1. Das Spiel am nächsten Wochenende gegen Werder Bremen ist damit ein Schlüsselspiel und muss gewonnen werden.

30. Spieltag

Heute am Samstag den 29.4.2023 um 18.30 Uhr trifft der FC Schalke 04 im Heimspiell auf SV Werder Bremen.
Die Mannschaften starten mit folgenden Aufstellungen:

FC Schalke 04

Trainer: Thomas Reis

13	Alexander Schwolow
41	Henning Matriciani
4	Maya Yoshida
35	Marcin Kaminski
18	Jere Uronen
30	Alex Král
11	Marius Bülter
6	Tom Krauß
10	Rodrigo Zalazar
19	Kenan Karaman
9	Simon Terodde

Ersatzbank

2	Thomas Ouwejan
5	Sepp van den Berg
29	Tobias Mohr
34	Michael Langer
3	Leo Greiml
8	Danny Latza
40	Sebastian Polter
24	Dominick Drexler
26	Michael Frey

30. Spieltag

SV Werder Bremen

Trainer: Ole Werner

1	Jirí Pavlenka
13	Milos Veljkovic
4	Niklas Stark
32	Marco Friedl
36	Christian Groß
10	Leonardo Bittencourt
8	Mitchell Weiser
3	Anthony Jung
6	Jens Stage
7	Marvin Ducksch
17	Maximilian Philipp

Ersatzbank

26	Lee Buchanan
34	Jean-Manuel Mbom
5	Amos Pieper
28	Ilia Gruev
19	Dikeni-Rafid Salifou
39	Fabio Chiarodia
30	Michael Zetterer
22	Niklas Schmidt
20	Romano Schmid

In der 18. Spielminute geht der SV Werder Bremen auf der
Veltins-Arena mit 1:0 in Führung. Das Tor erzielt Marvin
Ducksch. Nun sieht es sehr schlecht aus für die Königsblauen.
Doch die Knappen geben nicht auf, sie kämpfen unermüdlich,
pausenlos von ihren Fans angefeuert. Schalke spielt besser,
hat mehr Ballkontakte, Eckstöße und Torchancen. Doch die
Zeit verrinnt von der Uhr, ein Tor will nicht fallen.
Doch dann kommt ein besonderer Abend für Sepp van den
Berg
Viel mehr geht wohl kaum bei einem Comeback, Sepp van
den Berg ist an diesem Samstag erstmals nach unfreiwilliger
Zwangspause wieder in einem Bundesligaspiel am Ball und ist
gegen SV Werder Bremen einer der Matchwinner. Der
Niederländer, der sich 209 Tage zuvor gegen den FC Augsburg
eine schwere Bänderverletzung im Sprunggelenk eingehan-
delt hatte, wird gegen die Bremer in der 77. Minute beim
Spielstand von 0:1 aus Schalker Sicht ins Spiel eingewechselt.
Nur kurze Zeit später erzielt er mit seinem fast ersten
Ballkontakt den Ausgleich und leitet damit eine sensationelle
Schlussphase in der VELTINS-Arena ein.
Das 2:1 gegen Bremen fällt in der Nachspielzeit.
Dominick Drexler, der zweite Joker, hat den FC Schalke 04 an
diesem Samstag zum Sieg gegen Werder Bremen geschossen.
Der Mittelfeldspieler trifft in der Nachspielzeit zum 2:1 und
bringt die VELTINS-Arena damit zum Beben. Beide
Torschützen waren erst in der Schlussphase eingewechselt
worden. Der FC Schalke 04 ist wieder da und hat die Chance
auf den Klassenerhalt mit diesem Sieg bewahrt. Am nächsten
Wochenende treffen die Königsblauen auf FC Mainz 05. Dieses Auswärtsspiel wird extrem schwierig.

Witzeecke

Der Trainer unterbricht den Fernsehkommentator, "können Sie nicht ein bisschen langsamer sprechen? Meine Spieler können gar so schnell rennen wie Sie sprechen!"

Ein Fan geht zum Ticketschalter und legt einen 500 Euro Schein auf den Tisch.
Darauf sagt die Verkäuferin: "Wollen Sie ein Ticket oder einen Spieler kaufen?"

Messi kommt humpelnd zum Arzt. "Na, haben Sie sich beim Training verletzt?"
"Nein, mir ist mein Gehaltscheck auf den Fuß gefallen."

Der Pfarrer wundert sich, dass kaum jemand zu seiner Messe gekommen ist. Da bemerkt er auch noch, dass der Organist nicht da ist.
"Aber wer spielt denn jetzt?" fragt er erschrocken den Messdiener.
"Soweit ich weiß, Deutschland gegen Italien."

Nach dem Spiel sagt ein Fußballfan zum anderen: "Also in der zweiten Halbzeit waren unsere Spieler ja noch langsamer als in der ersten."
"Das ist richtig, aber der Trainer soll sie in der Kabine auch ganz schön zur Schnecke gemacht haben."

# 31. Spieltag

Heute am Freitag den 5.5.2023 um 20.30 Uhr trifft der FC Schalke 04 im Auswärtsspiell auf den 1. FSV Mainz 05. Die Mannschaften starten mit folgenden Aufstellungen:

FC Schalke 04
Trainer: Thomas Reis

13	Alexander Schwolow
5	Sepp van den Berg
41	Henning Matriciani
35	Marcin Kaminski
27	Cedric Brunner
11	Marius Bülter
6	Tom Krauß
10	Rodrigo Zalazar
19	Kenan Karaman
30	Alex Král
9	Simon Terodde

Ersatzbank

34	Michael Langer
8	Danny Latza
40	Sebastian Polter
4	Maya Yoshida
24	Dominick Drexler
18	Jere Uronen
26	Michael Frey
20	Tim Skarke
2	Thomas Ouwejan

31. Spieltag

1. FSV Mainz 05

Trainer: Bo Svensson

27	Robin Zentner
20	Edimilson Fernandes
25	Andreas Hanche-Olsen
16	Stefan Bell
3	Aarón Martín
8	Leandro Barreiro
21	Danny da Costa
31	Dominik Kohr
17	Ludovic Ajorque
9	Karim Onisiwo
7	Jae-Sung Lee

Ersatzbank

42	Alexander Hack
1	Finn Dahmen
19	Anthony Caci
4	Aymen Barkok
37	Delano Burgzorg
36	Marlon Mustapha
44	Nelson Weiper
11	Marcus Ingvartsen

31. Spieltag

Das Spiel auf der MEWA Arena in Mainz muss gewonnen werden. Die Königsblauen benötigen dieses kleine Wunder, ansonsten können sie den Klassenerhalt wohl vergessen. Denn die letzten drei Gegner sind keine Geringeren als Bayern, Frankfurt und Leipzig.

In der 26. Minute schließlich legt Karaman zurück auf Zalazar, der Bülter auf der linken Seite anspielt. Schalkes Nummer 11 vollzieht im Strafraum den vierfachen Übersteiger, verlädt so Gegenspieler Hanche-Olsen und schießt von links aus sechs Metern ins lange Eck.

Jetzt ist echte "Schalker-Hoffnung" da.

Doch nach einem Eckball setzt sich Hanche-Olsen in der 53. Minute mit dem Kopf durch, Barreiro muss kurz vor der Torlinie nur noch den Fuß hinhalten.

Mitten in der stärksten Phase der Mainzer trifft der S04 zum 2:1! Schalke schnappt sich den Ball nach einem Mainzer Einwurf im Mittelfeld. Krauß passt auf Král, der auf Karaman weiterspielt. Der Flügelspieler läuft rechts in den Strafraum und legt herrlich zurück auf Krauß, der den Ball ins linke Eck schießt.

Doch welch ein Unglück in der 70. Minute. Aarón zirkelt einen Freistoß mit dem linken Fuß aus 22 Metern über die Mauer hinweg in den Winkel der Knappen. Schalke zittert, Schalke braucht den Sieg. Doch alles deutet auf ein Unentschieden hin. Es fällt kein Tor. Aufgrund einer längeren Unterbrechung des Spiels befinden wir uns bereits in der 102. Minute.

Doch dann schießt Bülter vollkommen unerwartet auf das Tor und trifft flach ins rechte Eck!

Die Königsblauen schaffen das Wunder und gewinnen das Spiel mit 3:2.

 # 31. Spieltag

Und hier der Tabellenstand nach dem 31. Spieltag:

14.: TSG Hoffenheim mit 32 Punkten

15.: FC Schalke 04 mit 30 Punkten

16.: VfB Stuttgart mit 28 Punkten

17.: VfL Bochum 1848 mit ebenfalls 28 Punkten

18.: Hertha BSC mit 25 Punkten

Schalke hatte das Glück, dass Borussia Mönchengladbach mit 2:0 gegen den VFL Bochum gewonnen hat und im direkten Vergleich Hertha BSC Berlin mit 2:1 gegen den VFB Stuttgart gewann. Der einzige Wermutstropfen war der Sieg der TSG Hoffenheim mit 3:1 gegen Eintracht Frankfurt.
Am 32. Spieltag trifft der FC Schalke 04 auf den FC Bayern München. In diesem Auswärtsspiel der Knappen glauben wohl nur die Schalker Fans an einen Sieg. Aber auch nach einer Niederlage bleibt die Möglichkeit auf den Klassenerhalt.

32. Spieltag

Am Samstag den 13.5.2023 traf der FC Schalke 04 um 15.30 Uhr im Auswärtsspiel auf den FC Bayern München. Die Königsblauen hatten nicht den Hauch einer Chance und verloren das Spiel mit 6:0.

Hier der aktuelle Tabellenstand im Tabellenkeller nach dem 32. Spieltag:

14. Platz   Hoffenheim   mit 32 Punkten

15.Platz   VfL Bochum   mit 31 Punkten

16. Platz   Schalke   mit 30 Punkten

17. Platz   Stuttgart   mit 29 Punkten

18. Platz   Hertha BSC   mit 25 Punkten

Es wird eng werden für die Knappen, denn die letzten beiden Gegner sind Frankfurt und Leipzig.

Witzeecke

Ein Fußballexperte: "In Kolumbien fallen alle Fußballspiele aus".

Sein Kollege fragt: "Warum denn?"

" Die Spieler haben alle Linien weggekokst"

"Herr Doktor, mir wird ständig gelb und rot vor Augen",beklagt sich ein Fußballer.

Der Arzt erwidert: "Vielleicht sollten Sie mal den Schiedsrichter wechseln!"

Es regnet in Strömen. Der Fußballplatz ist abolut überschwemmt. Aber das Spiel muss stattfinden.

Vor dem Anpfiff fragt der Kapitän sein Team: "Sollen wir erst mit der Strömung spielen oder dagegen?"

33. Spieltag

Am Samstag den 20.5.2023 trifft der FC Schalke 04 um 15.30 Uhr im Heimspiel auf Eintracht Frankfurt.
Die Mannschaften beginnen mit folgenden Aufstellungen:

FC Schalke 04

Trainer: Thomas Reis

13	Alexander Schwolow
41	Henning Matriciani
27	Cedric Brunner
25	Moritz Jenz
5	Sepp van den Berg
6	Tom Krauß
10	Rodrigo Zalazar
19	Kenan Karaman
30	Alex Král
20	Tim Skarke
9	Simon Terodde

Ersatzbank

29	Tobias Mohr
34	Michael Langer
23	Mehmet Can Aydin
8	Danny Latza
40	Sebastian Polter
35	Marcin Kaminski
24	Dominick Drexler
26	Michael Frey
2	Thomas Ouwejan

33. Spieltag

Eintracht Frankfurt

Trainer: Oliver Glasner

1	Kevin Trapp
35	Lucas Silva Melo
18	Almamy Touré
2	Evan Ndicka
17	Sebastian Rode
24	Aurélio Gabriel Ulineia Buta
8	Djibril Sow
25	Christopher Lenz
27	Mario Götze
15	Daichi Kamada
9	Randal Kolo Muani

Ersatzbank

20	Makoto Hasebe
40	Diant Ramaj
36	Ansgar Knauff
22	Timothy Chandler
46	Dario Gebuhr
19	Rafael Borré
26	Éric Ebimbe
29	Jesper Lindstrøm
30	Paxten Aaronson

33. Spieltag

Eigentlich muss das Spiel gegen Eintracht Frankfurt gewonnen werden. Die Königsblauen spielen gut und geben wirkllich alles. Aber wird es reichen.

Schon in der ersten Minute erzielt Simon Terodde das 1: 0 für den FC Schalke 04. Was für ein Beginn, die Veltins-Arena tobt. Der weitere Verlauf ist ausgegeglichen, in der 14. Minute vergeben die Königsblauen eine "Riesentorgelegenheit".

Doch in der 21. Munte gleicht Frankfurt durch Kamada aus. Doch es kommt noch schlimmer. Die Eintracht erhöht auf 2:1. Die Schalker kämpfen nun noch massiver und geben mehr als 100 Prozent. Sie wollen wenigstens einen Punkt.

Dann die Erlösung in der 85. Minute der Ausgleich zum 2:2 durch Polter. Aber wird dieser eine Punkt gegen Eintracht Frankfurt reichen?

Der VFB Stuttgart gewinnt nämlich 4: 1 gegen FSV Mainz 05 und der VFL Bochum gleicht in der letzten Minute der Nachspielzeit gegen Hertha BSC Berlin zum 1:1 aus

Sehen wir uns die Tabelle nach dem 33. Spieltag an:
15. Platz Stuttgart mit 32 Punkten
16. Platz Bochum mit 32 Punkten
17. Platz Schalke   mit 31 Punkten
18. Platz Hertha   mit 26 Punkten
Es sieht nicht gut aus, Schalke muss das letzte Spiel gegen Leipzig auf jeden Fall gewinnen und kann nur hoffen, dass mindestens eine von den beiden Mannschaften Bochum oder Stuttgart am letzten Spieltag verliert.

Und hier endet das Wunder des FC Schalke
04. Im Spiel gegen Leipzig gaben die Königsblauen alles, verloren aber unglücklich mit
4:2. Gleichzeitig trennten sich Stuttgart und
Hoffenheim 1:1, Bochum gewann 3:0 gegen
Leverkusen.
Viel schlechter konnte es nicht laufen. Damit
belegt der FC Schalke 04 den 17. Platz am
Ende der Saison 2022 / 23 und steigt direkt
ab. Und trotzdem kann man diesen Abstieg
als kleinen Sieg feiern. Die Mannschaft hat in
der Rückrunde alles gegeben, sie spielte sen-
sationell und ein Abstieg war kein gerechter
Lohn.
Aber der FC Schalke 04 wird wiederkommen.

An dieser Stelle wollen wir uns bei der gesamten Mannschaft, allen Spielern, dem gesamten Kader des FC Schalke 04 für die
spannende Saison 2022 / 23 bedanken.

# Simon Terodde

Simon Terodde läuft in dieser Saison seiner Form etwas hinterher. Das Alter spielt mit 35 Jahren wohl auch schon eine kleine Rolle. Wir dürfen aber nicht vergessen, dass er maßgeblich mit 32 Toren am Aufstieg des FC Schalke 04 in der Saison 2021 / 22 in die 1. Bundesliga beteiligt war. An dieser Stelle wollen wir uns bei Simon Terodde für diese großartige Leistung herzlich bedanken, und uns im Geiste vor ihm verneigen.

Vielen Dank Simon Terodde

Simon Terodde wurde am 2. März 1988 in Bocholt geboren und ist der absolute Ausnahmestürmer der 2. Liga. Seit dem Sommer 2021 steht er bei den Königsblauen unter Vertrag. Der Stürmer wurde überwiegend beim MSV Duisburg ausgebildet und machte dort seine ersten Schritte Richtung Profifußball. Für die Duisburger, den 1. FC Union Berlin, VfL Bochum, VfB Stuttgart, 1. FC Köln, Hamburger SV und den FC Schalke 04 bestritt er 283 Spiele in der 2. Bundesliga, in denen er 172 Hütten machte. Damit ist Terodde der Rekordtorschütze der 2. Bundesliga. Außerdem wurde er vier Mal (2016, 2017, 2019, 2022) und somit am häufigsten Zweitligatorschützenkönig. Mit seinen Toren führte er den VfB Stuttgart (2017), 1. FC Köln (2019) und FC Schalke 04 (2022) als Zweitligameister zum Aufstieg in die 1. Liga.

 # Simon Terodde

Simon Teroddes Stationen und Torerfolge im Seniorenbereich

Jahre	Station	Spiele (Tore)
2007–2009	MSV Duisburg	2 (0)
2008	MSV Duisburg II	20 (12)
2009	Fortuna Düsseldorf	9 (1)
2009–2011	1. FC Köln II	52 (20)
2010–2011	1. FC Köln	5 (0)
2011–2014	1. FC Union Berlin	87 (23)
2014–2016	VfL Bochum	66 (41)
2016–2017	VfB Stuttgart	47 (27)
2018–2020	1. FC Köln	71 (37)
2020–2021	Hamburger SV	33 (24)
2021– ?	FC Schalke 04	40 (32)

Angegeben sind hier allerdings nur Ligaspiele bis zum 24.10 2022

Ralf Fährmann

Unsere besonderer Dank gebührt auch unserem Torwart Ralf Fährmann.

Vielen Dank Ralf, für uns Schalker Fans bist du der beste Torwart der Welt.

		Spieleinsätze (Tore)
2005–2009	FC Schalke 04	3 (0)
2007–2009	FC Schalke 04 II	39 (0)
2009–2011	Eintracht Frankfurt	18 (0)
2009–2010	Eintracht Frankfurt II	6 (0)
2011– ?	FC Schalke 04	203 (0)
2012–2013	FC Schalke 04 II	4 (0)
2019–2020	→ Norwich City (Leihe)	1 (0)
2020	→ Brann Bergen (Leihe)	0 (0)

Marius Bülter

Vielen Dank auch an Marius Bülter, der seit dem Jahr 2021 für den FC Schalke 04 16 Tore geschossen hat (Stand 17.3.2023).
Er ist somit für den Aufstieg in die 1. Bundesliga 2022 mit einem sehr großen Anteil mitverantwortlich. Ein großartiger Fußballer, der von der Verbansliga bis in die 1. Bundesliga durchstartete.

Vielen Dank Marius Bülter		Spiele	Tore
2012–2013	FC Eintracht Rheine	3	(0)
2013–2014	SuS Neuenkirchen	32	(13)
2014–2018	SV Rödinghausen	122	(39)
2018–2019	1. FC Magdeburg	32	(4)
2019–2021	1. FC Union Berlin	58	(8)
2021–	FC Schalke 04	56	(16)

Stand: 17. März 2023

Witzeecke

Deutschland spielt bei der WM gegen Holland. Rudi Völler und seine Spieler unterhalten sich vor dem Spiel in der Umkleidekabine: "Hört zu Männer, ich weiß, die Holländer sind schlecht.", erklärt Völler. "Aber wir müssen gegen sie spielen."

"Ich mach euch einen Vorschlag", sagt Oliver Kahn. "Ihr geht alle in eine Disco und ich spiele allein gegen sie. Was meint ihr dazu?" "Klingt vernünftig!", antworten der Trainer und die anderen Spieler und gehen in eine Disco auf ein Bier.

Nach gut einer Stunde erinnert sich Michael Ballack, dass ja das Spiel läuft und schaltet den Fernseher an. Es steht 1 :0 für Deutschland. Zufrieden widmen sie sich wieder ihrem Bier für eine weitere Stunde, bevor sie sich das Endresultat ansehen. Die Anzeigetafel zeigt: Deutschland 1 (Kahn 10. Min.) - Holland 1 (Davids 89. Min.).

"Mist!" schreien alle Spieler und rennen entsetzt ins Stadion, wo sie Oliver Kahn in der Kabine weinend sitzen sehen, das Gesicht in den Händen vergraben. "Was ist passiert, Olli?" schreit Rudi Völler.
"Es tut mir leid", antwortet Kahn "aber dieser verdammte Schiedsrichter hat mich in der 11. Minute vom Platz geworfen!"